Yves-Alexandre Thalmann

Caderno de exercícios para ver tudo cor-de-rosa

Ilustrações de Jean Augagneur

Tradução de Stephania Matousek

1ª Reimpressão

EDITORA VOZES

Petrópolis

© Éditions Jouvence S.A., 2010
Chemin du Guillon 20
Case 143
CH-1233 — Bernex
http://www.editions-jouvence.com
info@editions-jouvence.com

Título original francês: *Petit cahier d'exercices pour voir la vie en rose*

Direitos de publicação em língua portuguesa — Brasil:
2014, Editora Vozes Ltda.
Rua Frei Luís, 100
25689-900 Petrópolis, RJ
www.vozes.com.br
Brasil

Todos os direitos reservados. Nenhuma parte desta obra poderá ser reproduzida ou transmitida por qualquer forma e/ou quaisquer meios (eletrônico ou mecânico, incluindo fotocópia e gravação) ou arquivada em qualquer sistema ou banco de dados sem permissão escrita da editora.

Diretor editorial
Frei Antônio Moser

Editores
Aline dos Santos Carneiro
José Maria da Silva
Lídio Peretti
Marilac Loraine Oleniki

Secretário executivo
João Batista Kreuch

Editoração: Andréa Dornellas Moreira de Carvalho
Projeto gráfico: Éditions Jouvence
Arte-finalização: Sheilandre Desenv. Gráfico
Capa/ilustrações: Jean Augagneur
Arte-finalização: Editora Vozes

ISBN 978-85-326-4805-1
(edição brasileira)
ISBN 978-2-88353-828-3
(edição suíça)

Editado conforme o novo acordo ortográfico.

Este livro foi composto e impresso pela Editora Vozes Ltda

Dados Internacionais de Catalogação na Publicação (CIP)
(Câmara Brasileira do Livro, SP, Brasil)

Thalmann, Yves-Alexandre
    Caderno de exercícios para ver tudo cor-de-rosa / Yves-Alexandre Thalmann ; ilustrações de Jean Augagneur ; tradução de Stephania Matousek. — Petrópolis, RJ : Vozes, 2014.
    (Coleção Cadernos: Praticando o Bem-estar)

    Título original : Petit cahier d'exercices pour voir la vie en rose
    ISBN 978-85-326-4805-1

    1. Autorrealização 2. Otimismo I. Augagneur, Jean. II. Título. III. Série.

14-03845   CDD-158.1

Índices para catálogo sistemático:
    1. Otimismo : Psicologia aplicada   158.1

Para ver tudo cor-de-rosa, várias possibilidades se apresentam:
- Usar óculos com lentes rosadas (desaconselhável por causa das dores de cabeça!).
- Consumir substâncias psicotrópicas (desaconselhável por causa das consequências para a saúde e das confusões com a justiça!).
- Apaixonar-se (mas isso não depende apenas de você!).
- Iniciar processos de desenvolvimento pessoal (aconselhável, mas pode se revelar bem caro!).
- Ler este caderno e praticar os exercícios sugeridos (altamente aconselhável, nenhuma desvantagem observada até hoje!).

Se você tiver optado pela última proposta, seja bem-vind(a) a este caderno de exercícios! Pegue uma caneta, vire a página... e prepare-se para se tornar duradouramente mais otimista.

Aviso

Ver **tudo cor-de-rosa** não é o mesmo que ser **piegas ou sentimental**. De uma coisa à outra, há apenas um passo, que nós não vamos dar!

Este caderno de exercícios não tem como objetivo convencer você de que tudo é maravilhoso e nem ludibriá-lo(a) com pensamentos positivos. Enxergue-o mais como um manual de otimismo, baseado nos atuais conhecimentos da psicologia, em especial da psicologia positiva, também chamada de "ciência da felicidade".

Proporciona meios concretos e comprovados de desenvolver o músculo do otimismo. Nesse sentido, é um complemento perfeito para o **Caderno de Exercícios para aprender a ser feliz**, do mesmo autor (Petrópolis: Vozes, 2010).

Quiz
De que cor você vê tudo?

Envolva **o primeiro pensamento** que vem à sua cabeça nas seguintes situações:

1. Você vira a chave na ignição do seu carro, mas nada acontece!
   a) Tinha de acontecer logo hoje! Eu tenho justamente um compromisso muito importante...
   b) Talvez não seja nada sério, vamos tentar de novo... No pior dos casos, ainda tenho tempo de pegar o ônibus.
   c) Puxa! Mas esse carro nem é tão velho assim!

2. Você marcou encontro com um amigo. Porém, na hora combinada, ninguém...
   a) Ele deve ter esquecido!
   b) Vou ligar para saber por que ele está demorando.
   c) Do jeito que o conheço, ele com certeza teve coisas mais importantes para fazer!

3. Você acaba de ganhar um prêmio na loteria...
   a) Legal, vou poder comprar aquele apartamento novo com o qual eu vivia sonhando!
   b) Ah, não! Por um triz não ganho o prêmio máximo!
   c) O dinheiro que eu ganhei mal compensa o preço de todos os bilhetes que já comprei.

4. Caiu um avião...
 a) Nunca mais viajo de avião, é perigoso demais!
 b) Fico triste pelas pessoas que perderam entes queridos.
 c) Aconteça o que acontecer, o avião continua sendo um dos meios de transporte mais seguros do mundo.

5. Você é solteiro(a) e acaba de ser convidado(a) para uma festa...
 a) De qualquer forma, não é desse jeito que se encontra a alma gêmea.
 b) Fico contente por ter a oportunidade de passar um momento agradável, e quem sabe encontro alguém!
 c) Melhor isso do que ficar em casa sozinho(a)!

6. Você quer fazer uma ligação, mas se dá conta de que o seu celular está sem sinal...
 a) Que chato, mas isso acontece.
 b) Que droga de celular! Com as tarifas que pago, é um absurdo!
 c) Não tem problema, vou esperar! Eu já considero um privilégio ter o benefício dessa tecnologia.

Pegue agora um marca-texto rosa. Sublinhe a reação que lhe parecer mais positiva em cada situação.

<u>Faça o mesmo, mas de amarelo, com as reações relativamente neutras.</u>

Resultados:

Conte 2 pontos quando a letra que você tiver envolvido coincidir com o rosa, 1 ponto com o amarelo e 0 ponto se a letra envolvida não tiver sido colorida.

Se você tiver obtido:

- **Acima de 9 pontos**: Parabéns! Você vê tudo cor-de-rosa, de um lindo rosa bem radioso.
- **Entre 5 e 8 pontos**: Rosa pálido. Você ainda pode melhorar!
- **Menos de 4 pontos**: Está na hora de acabar com a falta de cor e aprender a colorir sua vida.

Para quem ainda tiver dúvida:
1. b) rosa / c) amarelo
2. a) amarelo / b) rosa
3. a) rosa / c) amarelo
4. b) amarelo / c) rosa (essa afirmação é verdadeira!)
5. b) rosa / c) amarelo
6. c) rosa / a) amarelo

Lição de coisas

Um ancião de uma tribo indígena estava explicando a vida para o seu neto:

— Sabe, em cada um de nós, dois lobos se enfrentam permanentemente: o lobo do ódio, pessimismo e egoísmo; e também o lobo do amor, otimismo e generosidade.

— E qual deles vence?

Antes de descobrir a réplica do sábio, anote a seguir a sua própria resposta a essa pergunta.

Qual é o lobo que costuma ganhar do outro: o da negatividade e do ódio ou o do amor e da generosidade? Por quê?

Para mim, o lobo que acaba ganhando é:

O sábio respondeu: — Aquele que você alimenta!

É o conteúdo da nossa consciência que determina o nosso bem-estar

O cérebro é um órgão extraordinário. Ele é capaz de tratar milhares de informações permanentemente. Sua capacidade é imensa, mas não infinita!

A quantidade de coisas das quais podemos estar conscientes em dado momento é, portanto, limitada. E é a nossa **atenção** que determina o que entra na nossa consciência. É um pouco como a programação da televisão, que nos permite escolher o que assistir – a nossa atenção decide o conteúdo da nossa consciência.

Pois bem, é o conteúdo da nossa consciência que determina o nosso bem-estar.

Que canais da cadeia de televisão você decidiu assinar? Os que mostram tristezas, catástrofes e dramas? Ou então os que passam a beleza e as maravilhas que preenchem o cotidiano? Qual é a **sua escolha**?
Qual é o lobo que você vai querer alimentar?

Tenho vontade de alimentar o lobo que encarna:

1. Você reparou que a palavra *cadeia* é justamente a mesma que utilizamos para designar a prisão, que tira a liberdade dos prisioneiros?

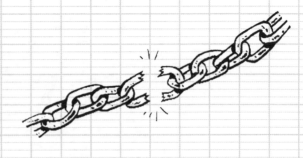

Ver tudo cor-de-rosa é uma escolha!

"Objeção, Meritíssimo!

Nem tudo é cor-de-rosa: ninguém pode negar que catástrofes acontecem, que milhares de pessoas sucumbem de doenças ou de fome todo dia e que guerras ainda são travadas atualmente. Seria uma ingenuidade achar que tudo é cor-de-rosa. Não! A vida é um árduo combate. É isto a realidade: a vida é cinza, puxando para o cinza escuro, inclusive!"

Você concorda com o advogado do diabo? Você acha que o mundo anda relativamente mal? Preencha as duas colunas a seguir:

11

Aspectos negativos do mundo:	Aspectos positivos do mundo:
-	-
-	-
-	-
-	-
-	-
-	-
-	-

Qual é a coluna mais cheia?
Se for a primeira, sua opinião tende mais ao pessimismo.
Se for a segunda, sua opinião tende mais ao otimismo.

Exercício de recuperação
Liste ainda outros aspectos positivos do mundo e da vida, de modo que a segunda coluna fique maior do que a primeira.
-
-
-
-
-

A cor do mundo

Mas como é na realidade? O mundo é mais rosa ou cinza-
-escuro?

Para saber, nada melhor do que uma experiência. E é até melhor fazê-la duas vezes do que só uma (o princípio das experiências científicas é a repetição)!

<u>Compre um jornal que tenha uma tiragem diária importante. Pegue uma caneta vermelha e outra verde. Leia atentamente todos os títulos e percorra os subtítulos de todos os artigos. Sublinhe de verde os títulos positivos, na sua opinião, e de vermelho, os negativos. Depois, faça as contas e anote o resultado obtido.</u>

Título e data do jornal escolhido: _____
Número de notícias positivas: _____ negativas: _____

Título e data do jornal escolhido: _____
Número de notícias positivas: _____ negativas: _____

Título e data do jornal escolhido: _____
Número de notícias positivas: _____ negativas: _____

Constatação geral:

Quando repetimos essa experiência várias vezes, vemos que a balança das cores está, na verdade, equilibrada: há quase tantas notícias positivas quanto negativas!

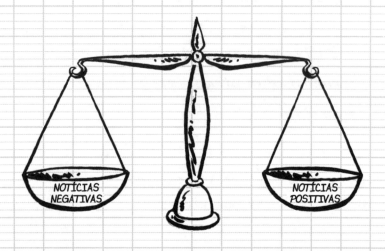

O mundo é tão colorido quanto o arco-íris!

Brincadeira do jornalista

A primeira versão dessa brincadeira consiste em comprar um ou vários jornais e depois recortar somente as notícias que lhe parecerem positivas.
Fabrique um novo jornal, colando em folhas de papel as notícias que lhe agradarem.

A segunda versão da brincadeira necessita de um computador e uma impressora.
Redija você mesmo(a), como um jornalista, artigos sobre o estado atual do mundo, selecionando apenas notícias positivas, recolhidas, por exemplo, na internet – viva as novas tecnologias! –, depois faça a diagramação e imprima.

Você agora está segurando nas mãos outro reflexo do mundo, nem mais certo e nem mais errado, mas sim diferente.

15

Um jornalista profissional não procede de outra maneira: seleciona as notícias numa avalanche de informações e só aprova as que lhe **parecem** importantes – e sobretudo as que vão fazer com que muitos exemplares sejam vendidos!

Como você se sente ao ler o jornal "oficial"?

Como você se sente ao ler o "seu" jornal?

Pinte as seguintes afirmações para se impregnar melhor com sua mensagem:

A vida não é nem rosa e nem cinza, mas sim multicolorida.

É o nosso olhar que focaliza o belo ou o feio, o positivo ou o negativo.

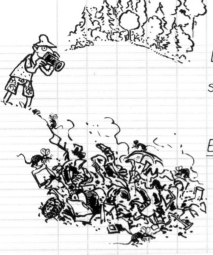

Lembre-se: não podemos ver tudo, somente uma parte da realidade.

Em que você vai querer prestar atenção?

Decidi prestar atenção:	Em vez de prestar atenção:
- na generosidade das pessoas	- no egoísmo das pessoas
- na beleza da natureza	- na deterioração do clima
- na melhoria das condições de vida	- na degradação da economia
-	-
-	-
-	-
-	-
-	-

Agora, dobre a página ao meio na vertical, de modo a colocar a coluna negativa atrás da coluna positiva, para que ela fique fora de vista!

Como você interpreta o desenho que está na próxima página?

17

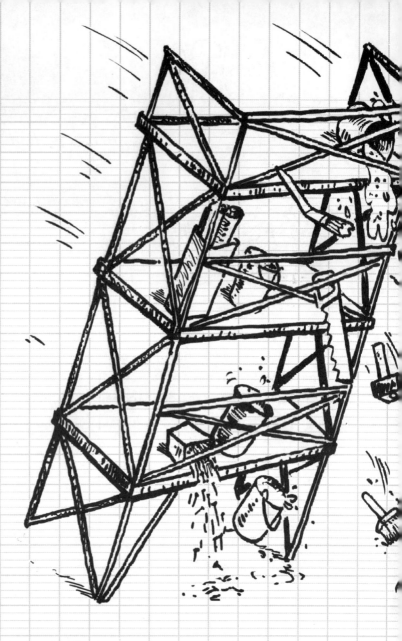

Pinte a seguinte afirmação para se impregnar melhor com sua mensagem:

As aparências às vezes enganam!

A influência dos nossos pensamentos

"Pode ser que nenhum pensamento, por mais fugaz e inconfessável que seja, passe pelo mundo sem deixar traços."

Cesare Pavese

Nossos pensamentos não são insignificantes. Afetam nosso humor, mas também nossos comportamentos.

Um estudo surpreendente já foi realizado por psicólogos: pediram para alguns de seus sujeitos refletirem sobre temas relacionados à velhice e para outros pensarem sobre temas ligados à juventude. Depois, sem lhes dizerem nada, eles mediram o tempo que cada um levava para percorrer o corredor que conduzia ao exterior do prédio. Resultado: os que haviam trabalhado sobre o tema da velhice levavam muito mais tempo para sair do prédio. Eles estavam, de certa forma, mais devagar...

Quais são os pensamentos que você alimenta e que o(a) deixam mais devagar, desanimado(a), sem vida, deprimido(a) etc.?

-

-

-

-

-

Por quais novos pensamentos, mais otimistas, você poderia substituí-los?

-

-

-

-

Xô, pensamentos negativos!

Veja a seguir uma ferramenta para aprender a desarticular os pensamentos negativos. Quando você sentir uma emoção desagradável (tristeza, raiva, medo, ciúme etc.), identifique o pensamento que a acompanha (= **pensamento automático**). Depois, imagine outra interpretação, tão plausível quanto a outra, para explicar a mesma situação, mas dessa vez positiva (= **pensamento alternativo**).

Situação	Emoção	Pensamento automático	Pensamento alternativo
A Sra. Bobesdecabelo não me deu bom-dia hoje de manhã.	Tristeza, apreensão.	Ela está chateada comigo. Ela está com raiva de mim.	Ela estava preocupada. Ela não me viu.

Com um pouco de treino, você vai conseguir substituir os pensamentos automáticos negativos por pensamentos alternativos positivos na mesma hora, sem demora.

<u>Vá treinando até isso se tornar um hábito.</u>

Uma dúvida positiva a priori

Substitua voluntariamente suas interpretações negativas por outras mais otimistas em toda situação na qual você não souber quais são os motivos dos outros - ou seja, quase todas as situações! Para isso, utilize um quadro igual ao anterior.

Situação	Emoção	Pensamento automático	Pensamento alternativo

Na **dúvida**, escolha **a princípio** a interpretação **positiva** = uma dúvida positiva **a priori**.

• Não recebi nenhum cartão-postal de um amigo que estava de férias

? (Pensando melhor, não sei de nada!)

O cartão foi perdido.   Ele não liga mais para mim.

"Tá bom, mas é muito fácil ficar positivando tudo. É um pouco como enfiar a cabeça na areia e não ver mais os problemas, que no entanto são reais..."

Advogado do diabo (ele de novo!)

Utilizamos uma dúvida positiva **a priori** quando não sabemos. Porém, isso não nos dispensa de nos informarmos mais tarde para tirar a história a limpo! E resolver os **verdadeiros** problemas.

Por exemplo, ir encontrar o amigo em questão e resolver o mal-entendido, dizendo-lhe, por exemplo: "Fiquei surpres(a) de não ter recebido nenhum cartão-postal das suas férias..."

Qual é a causa das suas derrotas?

A resposta a essa pergunta é determinante para o nosso moral. A psicologia positiva já demonstrou que os pessimistas, bem como os depressivos, respondiam assim:

"**Eu não consegui aquele emprego porque não sei me vender. De qualquer forma, eu sou um(a) idiota!**"

Personalização
Eu sou o único responsável.

Permanência
Isso não vai mudar.

Universalidade
Válido para todas as áreas.

Os otimistas, por sua vez, atribuem suas derrotas a causas:

Externas:	Transitórias:	Específicas:
"Outros candidatos tinham perfis melhores do que o meu."	"Isso acontece..."	"De qualquer forma, eu sou mais competente em outras áreas."

O que você pensa em caso de derrota?

Identifique três situações desagradáveis vividas recentemente. Em cada uma delas, escreva o que você pensou (não importa se não corresponder à "verdadeira" causa!). Depois, determine a natureza das suas atribuições causais:

- interna (= pessoal) / externa (I/Ex)
- permanente / transitória (P/T)
- universal / específica (U/Es)

Exemplo:

		I/Ex	P/T	U/Es
Briga conjugal	É culpa minha, eu não sei como falar com as mulheres!	I	P	U
1.				
2.				
3.				

Toda vez que você imagina causas **permanentes** e **universais**, alimenta o seu desespero e se desanima ("De que adianta?"). A longo prazo, isso conduz a um estado que os psicólogos chamam de "resignação adquirida". Toda vez que você atribui a si mesmo(a) toda a responsabilidade das suas derrotas (**personalização**), você está diminuindo a sua autoestima.

 Esses pensamentos são o estopim da depressão!

Aumente o seu otimismo e afugente o espectro da depressão...
Retome suas três situações anteriores e imagine outra causa, **plausível**, que seja, se possível, externa, mas em todo caso transitória e específica.

> Por exemplo:
>
> Ela estava exausta após um longo dia de trabalho...
>   1.
>   2.
>   3.

No futuro, face a decepções, prefira explicações Ex.TEs (ou ITEs), e não IPU.

Expulse os malvados IPUs da sua vida!

Um pouco de (pré-)história

"O pessimismo é de humor, o otimismo, de força de vontade."

Alain

Quando nossos longínquos ancestrais, ainda vestidos com peles de animais, tomaram consciência de sua existência, uma grande angústia tomou conta deles: o que fazer se um dia faltar comida? Será que podemos evitar sofrimentos e doenças? O que é a morte? Etc. Razões para se preocupar não faltavam.

É natural se preocupar.

A ansiedade e as preocupações são uma das consequências do considerável aumento do volume de nossa caixa craniana ao longo da evolução. Quando o cérebro, extraordinária máquina de pensar, não está ocupado tratando informações (propósito para o qual foi concebido), ele funciona a vácuo e utiliza sua energia para remoer temas angustiantes.

Pensar negativo necessita de menos energia do que pensar positivo.

A prova disso é que pessoas depressivas têm menos energia e são devagar. Os pensamentos delas são essencialmente negativos.

Vamos evitar ocasiões de remoer nossas preocupações!

Quais são os momentos ou situações em que você tem tendência a ficar pensando nas suas preocupações?

Momentos em que fico pensando nas minhas preocupações:	Situações em que fico pensando nas minhas preocupações:
—	—
—	—
—	—
—	—
—	—

O que você pode fazer para modificar essas circunstâncias e evitar ficar remoendo suas preocupações?

—
—
—
—

Por exemplo:

Fico pensando nas minhas preocupações quando estou sozinho(a) à mesa.
⇨ Eu poderia ler um jornal ou escutar o rádio.

Fico pensando nas minhas preocupações quando acordo no meio da noite e não consigo voltar a dormir.
⇨ Eu poderia me levantar e ler um livro ou dar seguimento a um trabalho.

```
Meus truques antipreocupação:

-
-
-
-
```

Fazer coisas em vez de ficar pensando na morte da bezerra

Nada como atividades cativantes para evitar ficar remoendo suas preocupações. Descubra atividades empolgantes e interessantes o bastante para investir sua energia mental com bom-senso. Essas atividades têm as seguintes características:

- Exigem concentração.
- Representam um desafio, isto é, não são demasiado fáceis.
- Fazem todas as distrações e preocupações sumirem.

Quais são as atividades durante as quais suas preocupações param de atazanar você?

```
Minhas atividades antipreocupação:

-
-
-
-
```

Assistir televisão geralmente não faz parte dessa lista. Embora isso nos distraia na hora, não nos sentimos realmente bem depois. As preocupações voltam com força total!

Sejamos criativos!

Pensar negativo é fácil demais. É uma **forma minimalista de dar sentido** ao que observamos. Para pensar positivo, é preciso, ao contrário, fazer um esforço.

Exemplo:

Está chovendo.

"Que droga! Não para de chover nessa terra!"

= 8 palavras

"Legal! Eu vou poder fazer atividades dentro de casa, como por exemplo consertar aquele negócio que está quebrado há séculos. E, além disso, não vou precisar regar o jardim. Assim, vou poder ir ao cinema..."

= 35 palavras

Estudos realizados por psicólogos já revelaram que pessoas pessimistas dispõem de um vocabulário menos rico e vasto do que pessoas otimistas.
Outros estudos já mostraram que o nível de violência adotado pelos jovens é proporcional à pobreza de seu vocabulário: quando não se consegue verbalizar, a tendência é bater e quebrar!

Agora é com você!

Que interpretação **positiva** você poderia imaginar nos seguintes casos:

- Acabaram os ingressos para a peça de teatro que você estava louco(a) para assistir.
  Anote sua resposta **com pelo menos 20 palavras:**

- Seu filho está com sérios problemas na escola.
  Anote sua resposta **com pelo menos 30 palavras:**

- A empresa onde você trabalha anunciou que vai reduzir custos.
  Anote sua resposta **com pelo menos 40 palavras**:

- Você foi vítima de um acidente que o(a) deixou com sequelas.
  Anote sua resposta **com pelo menos 50 palavras**:

Muitas pessoas com deficiências causadas por acidentes ou doenças afirmam paradoxalmente que se sentem mais vivas desde então, que descobriram um novo sentido para suas vidas e que são, no fim das contas, mais felizes. O **segredo**: valorizam o que ainda têm, em vez de ficarem lamentando o que perderam.

35

Tudo tem seu lado positivo

Era uma vez, numa terra muito distante, um rei que tinha um sábio conselheiro. Ele costumava repetir para o soberano:
- Tudo o que acontece convosco é para o vosso bem.
Pois bem, um dia, durante um desfile, o rei sem querer deixou cair seu sabre e acabou decepando um dedo do pé. Muito chateado, ele procurou seu conselheiro e perguntou se esse acidente havia acontecido para o seu bem. O sábio repetiu mais uma vez:
- Tudo o que acontece convosco é para o vosso bem.
Louco de raiva, ele considerou essas palavras como uma afronta e decidiu prendê-lo como punição.

Algum tempo mais tarde, o rei foi caçar junto com sua corte. O grupo se dispersou rapidamente na imensa floresta, tanto que, quando caiu a noite, o rei se viu sozinho e, além do mais, perdido. Não adiantava ele chamar, pois ninguém respondia. Ele procurou, procurou e procurou ainda uma saída, em vão. Sem forças, acabou vendo o brilho de uma fogueira.
- Salvo, estou salvo! - pensou ele.
Caminhando em direção à luz, ele descobriu uma tribo que ele não conhecia em seu reino. Ele se apresentou como o rei daquela floresta e lhes prometeu uma grande recompensa se eles o ajudassem a encontrar seu palácio.

Mas as coisas não se deram exatamente como ele tinha previsto. Os indígenas não falavam a mesma língua. Eles se mostraram agressivos, e o rei não demorou a entender que havia encontrado a tribo de canibais cuja existência seus soldados já haviam mencionado. Eles fizeram os preparativos para comê-lo e, antes de cozinhá-lo, despiram-no. Foi nesse momento que eles perceberam seu pé mutilado.

Pois bem, como todo mundo sabe, os canibais nunca devoram pessoas estropiadas. Eles afinal o liberaram, mas a contragosto, pois o rei parecia ser delicioso.

Depois de algumas aventuras, o rei acabou encontrando seu palácio. Ele foi logo procurar seu conselheiro para liberá-lo:

- É verdade, tu tinhas razão: mesmo aquele acidente com o meu sabre se revelou ter acontecido para o meu bem. Porém, duvido muito que tu possas considerar que as semanas que passaste na prisão foram para o teu bem!

Mas o sábio respondeu:

- Majestade, tudo o que acontece comigo é para o meu bem. Se eu não tivesse sido preso, eu vos teria acompanhado à caça. Eu não vos teria perdido de vista, e nós dois teríamos caído nas mãos dos canibais. Mas eu... eu ainda tenho meus dez dedos do pé...

Nosso mundo barra-pesada

Pensar que o mundo vai mal, que as pessoas são más e egoístas e que os valores estão se perdendo é alimentar a imagem de um **mundo barra-pesada**. Contudo, a hipótese de um mundo barra-pesada não é insignificante: traz graves consequências.

- Se o mundo está podre, de que adiante fazer esforços?
- Se não há mais valores, todo mundo pode fazer o que bem entender, no fim das contas!
- Se as pessoas são más e aproveitadoras, é melhor desconfiar de todos!
- Se tudo é tão negativo assim, para que tentar mudar? É causa perdida!

⇨ **Resignação**

Sustentar a hipótese de um mundo barra-pesada é fortalecê-la, é alimentar o lobo mau, é contribuir para perpetuar um mundo mais negativo.

Imagine...

1º ato:

Disseram que o seu novo vizinho é muito antipático e, inclusive, maldoso. Um dia ele estaciona o carro na sua vaga reservada. Você vai tocar a campainha dele...

Você fica na defensiva, pois antecipa o fato de que ele vai recebê-lo(a) mal. O seu tom é mais grosso, sua voz, mais áspera. Você expressa sua frustração e ameaça chamar a polícia se ele não remover imediatamente o veículo. Ele responde friamente, o que confirma a preconcepção...

2º ato:

Você está tranquilamente sentado(a) em casa lendo o jornal. Alguém toca a campainha. É um dos seus vizinhos, com uma cara bastante emburrada. Sem cumprimentá-lo(a), ele diz bruscamente que você invadiu a vaga de estacionamento dele e que você deve remover o seu veículo imediatamente, caso contrário ele não hesitará em chamar a polícia se você não obtemperar...

Análise:

Se tivessem dito que o novo vizinho era muito simpático, como você teria ido pedir para ele tirar o carro da sua vaga? Com que tom? Com que palavras? Como ele (ela) teria recebido nessas condições?

Se alguém tocasse a sua campainha e pedisse, sem tato, para você mudar o seu carro de lugar, como você reagiria? O que responderia?

Conclusão:

Esse pequeno exercício de empatia mostra que são nossos próprios comportamentos que induzem (muitas vezes) as reações dos outros.

As etiquetas que colamos nos outros são armadilhas: elas os incitam a se comportar da forma como esperamos que eles se comportem!

As etiquetas

Quais são as etiquetas que você geralmente cola nas pessoas? Correndo o risco de sofrer que tipo de influência?

Meu colega de trabalho

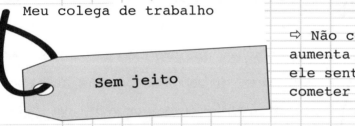

⇨ Não confio nele, o que aumenta a pressão que ele sente e o incita a cometer deslizes.

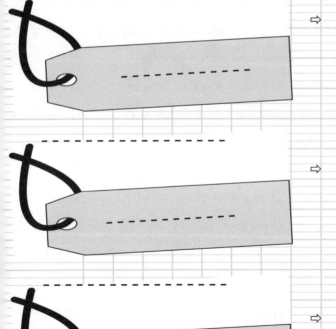

⇨

⇨

⇨

41

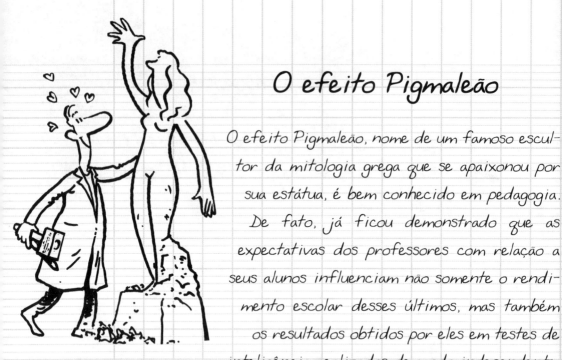

O efeito Pigmaleão

O efeito Pigmaleão, nome de um famoso escultor da mitologia grega que se apaixonou por sua estátua, é bem conhecido em pedagogia. De fato, já ficou demonstrado que as expectativas dos professores com relação a seus alunos influenciam não somente o rendimento escolar desses últimos, mas também os resultados obtidos por eles em testes de inteligência realizados de modo independente.

Considerar um aluno como estudioso, interessado e talentoso ajuda o mesmo a melhorar seu desempenho.

Enxergá-lo, ao contrário, como alguém sem ânimo, preguiçoso ou mau aluno provoca consequências negativas em seu comprometimento e seus resultados.

Nossas interpretações já bastam para modificar nossas atitudes, que por sua vez influenciam as atitudes dos outros, e assim por diante...

Como você enxerga os outros?
 Como pessoas agradáveis e amáveis?
 Ou como cretinos dispostos a se aproveitar de você?

Caça às profecias autorrealizantes

Agora é a sua vez de identificar suas profecias autorrealizantes!

Geralmente é possível detectá-las quando usamos a expressão "**Com certeza!**" para pontuar alguns de nossos raciocínios.

Preconcepção	Comportamento	Reação
Os jovens não respeitam ninguém.	Eu sou mais severo(a) e rígido(a) com eles.	Eles se revoltam ainda mais. Com certeza!

Preconcepção	Comportamento	Reação
		Com certeza!

Preconcepção	Comportamento	Reação
		Com certeza!

Preconcepção	Comportamento	Reação
		Com certeza!

Quebrar os círculos viciosos

Com frequência tendemos a confundir causas e consequências. Os **porquês** não são colocados nos mesmos lugares por todos, o que acaba criando círculos viciosos.

<u>O chefe:</u> Sempre tenho de dar ordens à minha secretária, pois ela não tem o menor espírito de iniciativa!

<u>A secretária:</u> Não posso tomar a menor iniciativa, pois meu chefe está sempre atrás de mim!

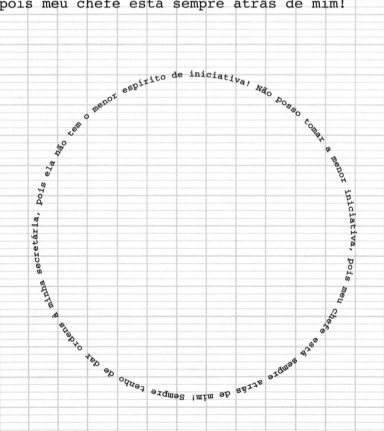

<u>Os pais</u>: Devemos sempre colocar nosso filho de castigo, pois ele é desobediente.

<u>O filho</u>: Desobedeço porque meus pais não param de me dar bronca!

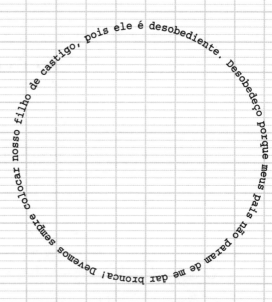

Conclusão:

As ações dos outros são menos determinadas pela **personalidade** deles do que pensamos e muito mais condicionadas pelo contexto e pelos nossos próprios comportamentos.

<u>Que círculos viciosos você consegue detectar e neutralizar na sua vida?</u>

A lei da atração

O efeito Pigmaleão, que alimenta as profecias autorrealizantes, dá origem à:

lei da atração.

Essa última estipula que os semelhantes se atraem:
- Pensar positivo atrai coisas positivas.
- Pensar negativo atrai coisas negativas.

O segredo do sucesso:

Um estudo consistia em perguntar a alguns sujeitos se eles se consideravam sortudos.

Eles deviam, em seguida, contar a quantidade de fotos que ilustrava uma revista, na qual estava inserido um anúncio que dizia: "Se você ler este anúncio, procure o responsável pela experiência e ganhe 100 euros".

Somente os sujeitos que se diziam sortudos viam o anúncio e pediam o dinheiro. Os que se diziam azarentos nem liam o anúncio, de tão preocupados em contar as imagens...

A sorte é, portanto, um estado de espírito, uma abertura ao mundo e a capacidade de aproveitar oportunidades.

E você? Considera-se sortudo(a)?

❏ sim   ❏ não

Não importa a resposta que você acabou de dar. A partir deste exato momento, convença-se de que você é sortudo(a) e comporte-se dessa forma.

Você vai assim atrair sorte para você...

A influência das nossas emoções

Nossos sentimentos agem como um filtro, um par de óculos com lentes coloridas: dirigem a nossa atenção para aquilo que estiver em sintonia com eles. Quando estamos de bom humor, ficamos mais atentos às informações positivas. Quando estamos tristes, angustiados ou chateados, registramos mais as informações negativas.

Esse efeito foi revelado graças a uma experiência:
Os sujeitos testados foram repartidos em dois grupos. No primeiro, foram contadas algumas piadas para induzir humor positivo. No segundo, os pesquisadores apressaram os participantes, mostrando-se desagradáveis, no intuito de aborrecê-los. Depois, contaram a mesma história para todos. Uma semana mais tarde, pediram para cada participante rememorar aquele dia e contar a história ouvida.
Resultado: os sujeitos aborrecidos relembraram mais elementos negativos do que os que tinham se divertido, embora todos tivessem escutado a mesma história.

Escutamos e enxergamos coisas diferentes em função do nosso humor... daí a importância de cuidar do mesmo.

Quando estou de mau humor, eu reparo mais em coisas negativas.

O mau humor se autoalimenta. O bom humor também! Cabe a você escolher!

E o amor nisso tudo?

"Quand il me prend dans ses bras, qu'il me parle tout bas, je vois la vie en rose..."

Edith Piaf

É verdade! Existe outra forma de ver tudo cor-de-rosa que necessita menos esforço: apaixonar-se. Um cérebro apaixonado fica impregnado de hormônios e neurotransmissores que modificam a percepção da vida: idealização do parceiro, prazer incomensurável em sua presença, energia que parece inesgotável (apesar das noites em claro!), visão do futuro positiva, audácia etc.

Mas (pois há não somente um, mas dois mas!):
- o estado apaixonado não dura eternamente (os especialistas afirmam que a duração média é de três anos);
- o estado apaixonado não depende apenas de nós: é preciso encontrar um(a) pretendente!

Se você tiver a sorte de estar apaixonad(a), que ótimo! Aproveite!

---

2. Quando ele me abraça e me fala baixinho, eu vejo a vida cor-de-rosa... [N.T.]

Mas que isso não induza você em erro: ver tudo cor-de-rosa, de forma duradoura, é de fato o resultado de um processo de evolução pessoal!

Fazer um esforço para ver a vida de modo diferente e focalizar seus aspectos positivos já é um belo passo adiante!

Mas por que não ir mais longe e **realmente tornar a vida mais bonita**? Está na hora de colocar um pouco mais de rosa na sua vida...

<u>Comece colorindo o balde de rosa.</u>

<u>O que você poderia mudar concretamente para tornar a sua vida mais agradável?</u>

    Mais agradável = sentir mais prazer e alegria.

Minha vida seria mais agradável se eu...

É um prazer para mim...

Muitas mensagens educativas influenciam ainda hoje a nossa relação com o prazer:

"Ninguém faz só aquilo que quer na vida!"

"Somos mesmo obrigados a..."

"A vida não é fácil, não. Você vai ver quando crescer!"

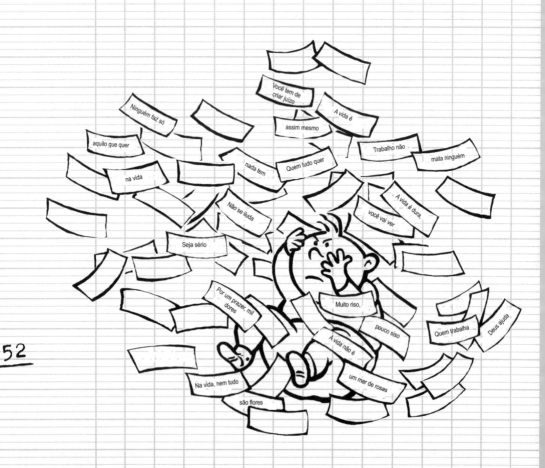

52

Que mensagens enfatizando o lado difícil da vida lhe foram transmitidas?

Resultado:

Para muitos de nós, o **dever** é mais importante do que o **prazer**. Para alguns, o prazer virou até fonte de desconfiança!

Sugestão:

Escreva essas mensagens negativas em pedaços de papel e queime-os para simbolizar o seu desejo de se livrar delas.

Ditados para adulterar

"Deus ajuda quem cedo madruga!"
⇨ Deus ajuda a todos! Viva quem acorda tarde!

"Não há rosas sem espinhos!"
⇨ É só cortar os espinhos, ué!

"Sofrer também é viver!"
⇨ Mas viver com prazer é bem melhor!

Anote abaixo os provérbios, ditados e outros **slogans** enfatizando o lado duro da vida que lhe foram transmitidos. Depois, adultere-os sem vergonha...

-
  ⇨
-
  ⇨
-
  ⇨

Reconciliar-se com o prazer

O prazer e a alegria são sinais que indicam que uma ou várias necessidades do organismo foram satisfeitas.

- **Necessidades físicas**: Oxigênio, comida, bebida, calor, sono etc.
- **Necessidades psíquicas**: Segurança, justiça, respeito, auto-estima, reconhecimento, aprovação, amor, confiança, paz, comunicação, compreensão, concisão, clareza, transparência, autoafirmação, estímulos, controle, liberdade etc.

São, ao contrário, a dor e a tristeza, o medo ou a raiva que nos indicam que nossas necessidades não foram satisfeitas. Se não fizermos nada para restabelecer o equilíbrio, ficarão comprometidos o bem-estar e, mais tarde, a saúde - mental e física.

O prazer e a alegria agem tanto como fontes de ânimo...
⇨ **Tenho vontade de fazer tal coisa pelo prazer que ela me proporcionará.**

...quanto como recompensas.
⇨ **Fico feliz de ter feito aquilo.**

Diabolizar o prazer é uma forma de ter poder sobre as pessoas. Quando aprendemos a desconfiar do prazer, não sabemos mais como agir. Recorremos, portanto, às "autoridades": pais, professores, padres, médicos, psicólogos etc. Corremos assim o risco de nos tornarmos alienados!

O prazer é BOM para nós.
Viva o prazer!
Vivam os prazeres!

Buscar o prazer não deve, no entanto, ocultar as obrigações da vida. Prazer, sim! Mas não só isso...

Quem **só come** o que lhe proporciona prazer imediato acaba pagando caro em termos de saúde.

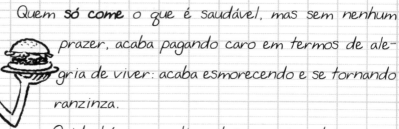

Quem **só come** o que é saudável, mas sem nenhum prazer, acaba pagando caro em termos de alegria de viver: acaba esmorecendo e se tornando ranzinza.

O ideal é comer alimentos ao mesmo tempo saudáveis e que proporcionam prazer ou então alternar os dois tipos. Esse é o melhor regime alimentar que existe.

Só o prazer conta.

Só o dever conta.

Equilíbrio.

<u>Em que situações na sua vida a noção de dever prevalece em detrimento do prazer e a balança fica bastante desequilibrada?</u>

<u>Como você poderia reequilibrá-la?</u>
- Deixar de efetuar certas tarefas.
- Diminuir as exigências. (Abaixo o perfeccionismo!)
- Delegar certas tarefas a outras pessoas.
- Pedir ajuda a alguém.
-
-
-

Não esqueça que sempre acabamos fazendo alguém pagar por aquilo que nos forçamos a fazer!

Escute mais a sua necessidade de prazer: ela tem tanto para lhe dizer!

E isso a partir de hoje:
- Eu vou preferir não terminar de ler um livro que não esteja me agradando.
- Eu vou sair da sala de cinema quando não gostar do filme.
- Eu não vou terminar o meu prato se não estiver mais com fome.
- Eu vou limitar meu contato com pessoas que não me fazem bem.

Minhas resoluções de prazer:

Qual é, para você, a cor do prazer? Escreva a seguir a sua resposta com a cor escolhida.

Diminuir os desprazeres

Melhorar nossa qualidade de vida também é procurar diminuir as situações que causam dissabores.

Por exemplo:

- **Frequentar mais as pessoas** com as quais nos sentimos bem e um pouco menos as que estragam nosso humor – e sem ligar a mínima para o que os outros vão dizer!
- **Dedicar mais tempo a atividades agradáveis**, mesmo que isso demande delegar tarefas: contratar uma empregada doméstica, um professor particular, pagar alguém para cortar a grama... – e sem ligar a mínima para o que os outros vão dizer!

Mas também:

- **Pedir ajuda em caso de dificuldades**: consultar um psicólogo, um médico ou um padre... – não é vergonha nenhuma contar com a ajuda dos outros, muito pelo contrário!
- **Mudar de vida**: mudar-se de um bairro perigoso, largar um(a) parceiro(a) que não esteja nos respeitando, pedir demissão de um trabalho que esteja prejudicando a nossa saúde psíquica ou física... – ninguém está dizendo que é fácil, mas vale a pena tentar!

E sem ligar a mínima para o que os outros vão dizer!

Historinha

Era uma vez um homem astuto cujo filho temia mais do que tudo a opinião dos outros. Ele um dia lhe disse:
- Amanhã, nós iremos juntos à feira.
No romper da aurora, eles se puseram a caminho - ele montado num burro e o filho ao seu lado.
Ao vê-los assim, as pessoas criticavam:
- Você viu aquele homem sem dó que viaja montado num burro enquanto seu filho vai a pé?
No dia seguinte, o pai sugeriu fazer o contrário para não irritar os passantes. O filho montou no burro, enquanto o ancião caminhava. Porém, escutaram um comentário:
- Que rapaz mais mal-educado: enquanto ele vai sentado, o pai é obrigado a caminhar!
No terceiro dia, para evitar novas observações desagradáveis, o pai propôs que ambos andassem puxando o burro atrás deles. As pessoas exclamavam:
- Como os dois são estúpidos de não usarem a montaria deles!
Na vez seguinte, ambos montaram então no burro para irem à feira. Todavia, os habitantes do vilarejo, indignados, apiedaram-se do pobre animal, por causa do pesado fardo que ele tinha de carregar.

No dia em que, afinal, ambos chegaram ao vilarejo carregando o burro nas costas, ouviam-se exclamações do tipo:
- Meu Deus, como eles são tolos de levarem o burro nas costas, em vez de serem levados nas costas dele!
Isso permitiu que o pai concluísse:
- Está vendo como são os outros: sempre têm de criticar alguma coisa! Aja sempre de acordo com as suas próprias ideias, e sem escutá-los.

Moral da história:
Não importa o que você fizer, sempre haverá pessoas para criticar e discordar de você!
Recopie essa moral da história quantas vezes você quiser para assimilá-la bem!

As vantagens do otimismo

"O otimista pensa que uma noite é cercada por dois dias, o pessimista, que um dia é cercado por duas noites."

Francis Picabia

Visão positiva e prazer são componentes indispensáveis do otimismo. Veja a seguir um panorama de seus **benefícios colaterais**:

- Pessoas otimistas são mais estimadas, pois são mais sociais, mais ativas e mais caridosas.
- Pessoas otimistas têm mais chances de se casar e menos de se divorciar.
- Pessoas otimistas dispõem de círculos de amigos mais vastos, mais aptos a ajudá-las em caso de necessidade.
- Pessoas otimistas se mostram mais produtivas em sua profissão.
- Pessoas otimistas ganham mais dinheiro.
- Pessoas otimistas enfrentam melhor as dificuldades.
- Pessoas otimistas têm uma imunidade maior: seu sistema imunitário demonstra melhor desempenho.
- Pessoas otimistas gozam de forma física melhor.
- Pessoas otimistas vivem mais tempo.

Por que se privar de otimismo?

Mexa-se!

Ver tudo cor-de-rosa não é um estado definitivo e contemplativo. É uma escolha que deve ser feita a todo instante e necessita de um esforço permanente.
Ver tudo cor-de-rosa é uma maneira de caminhar, e não um destino...

De hoje em diante, eu vou entrar no caminho do otimismo. Eu decidi, em especial, ver o lado positivo das coisas e privilegiar as facetas agradáveis e gostosas da vida.

Local: ...
Data: ... / ... /

Assinatura:
(precedida pela menção "lido e aprovado")

Boa viagem!

Coleção Praticando o Bem-Estar

Selecione sua próxima leitura:

- ☐ Caderno de exercícios para aprender a ser feliz
- ☐ Caderno de exercícios para saber desapegar-se
- ☐ Caderno de exercícios para aumentar a autoestima
- ☐ Caderno de exercícios para superar as crises
- ☐ Caderno de exercícios para descobrir os seus talentos ocultos
- ☐ Caderno de exercícios de meditação no cotidiano
- ☐ Caderno de exercícios para ficar zen em um mundo agitado
- ☐ Caderno de exercícios de inteligência emocional
- ☐ Caderno de exercícios para cuidar de si mesmo
- ☐ Caderno de exercícios para cultivar a alegria de viver no cotidiano
- ☐ Caderno de exercícios e dicas para fazer amigos e ampliar suas relações
- ☐ Caderno de exercícios para ir mais devagar quando tudo está indo rápido demais
- ☐ Caderno de exercícios para aprender a amar-se, amar e – por que não – ser amad(a)
- ☐ Caderno de exercícios para ousar realizar seus sonhos
- ☐ Caderno de exercícios para saber maravilhar-se
- ☐ Caderno de exercícios para ver tudo cor-de-rosa
- ☐ Caderno de exercícios para se afirmar e – enfim – ousar dizer não
- ☐ Caderno de exercícios para viver sua raiva de forma positiva
- ☐ Caderno de exercícios para se desvencilhar de tudo o que é inútil
- ☐ Caderno de exercícios de simplicidade feliz
- ☐ Caderno de exercícios para viver livre e parar de se culpar
- ☐ Caderno de exercícios dos fabulosos poderes da generosidade